ISBN 978-1-4092-7340-0

MANIFESTO AZIONE TRANS
di Mirella Izzo

6

Prefazione alla 7 edizione
di Mirella Izzo

L'idea di un *Manifesto* transgender nasce verso la fine del 2000, all'interno di una *Crisalide*, associazione trans di volontariato, da pochi mesi uscita dal circuito della attualmente defunta *ArciTrans* e resasi autonoma con il nome di *AzioneTrans*. Nasce perché chi aveva promosso la nascita del "circolo" *Crisalide* non riusciva a comprendere fino in fondo le motivazioni per cui in Italia esistessero più Associazioni Transgender, spesso in forte competizione fra loro. Erano gli anni in cui il *MIT* - movimento nato dalle ceneri dello storico *Movimento Italiano Transessuali* di radicale memoria (stessa sigla ma diversa Associazione) - subiva la concorrenza di una neonata *ArciTrans*, con ambizioni ben poco commisurate alle proprie reali forze.

Dopo la fuoriuscita del *Circolo* di *Crisalide* da *ArciTrans*, nell'arco di un anno o poco più, di quest'ultima restò poco o nulla e, pur non desiderandolo, la neonata *Crisalide,* divenne la *competitor* principale del *MIT* moderno, la cui sigla significa oggi del *Movimento Identità Transessuale*.

Il *Manifesto* fu affidato alla mia penna e l'intenzione era quella di proporlo come bozza (anche nel nome, ovviamente) al *MIT* e ad altri piccoli gruppi reduci dalla disfatta di *ArciTrans*, affinché, discusso, emendato, anche modificato, potesse diventare la base comune ideale di tutte le Associazioni Trans Italiane. Non un'Associazione unica, ma almeno una sorta di *linea guida* comune. E l'idea era così ambiziosa da pensarlo come un progetto esportabile (una volta tradotto) anche in altri paesi europei, al punto da contiene in sé una sezione apposita di *localizzazione* da scrivere diversamente, nazione per nazione.

Purtroppo il progetto non venne preso in considerazione dal *MIT*. Agli inizi la *Crisalide* "autonoma" era una piccola Associazione presente solo a Genova e che stava cercando di organizzare qualcosa a Milano. Evidentemente il nostro progetto ideale, forse idealistico ed utopico, non piacque o, più semplicemente, non destò sufficiente attenzione.

«*Troppo lungo*», fu la laconica risposta che ricevetti personalmente, al telefono, dalla presidente del MIT, sollecitata a dare una risposta che non arrivava.

Sottoposto ad alcuni lettori di nostra fiducia e soprattutto alla *Assemblea Nazionale dei Soci di Crisalide* del 2001, il *Manifesto* divenne quindi l'emblema ideale della sola *Crisalide*. Se poi si fossero aggiunti altri soggetti, meglio. Altrimenti si andava avanti da soli, con questo documento che presentava l'Associazione nei suoi valori costituenti.

Come spesso accade, un documento nato con l'intento di riunire le (poche) forze in campo, finì con il dividere.

Molto più tardi, ebbi modo di comprendere che il Manifesto, non aveva mai avuto una sola chance di affermarsi come bozza di documento nazionale. Le altre associazioni avevano da difendere "posti" e micro poteri, ma pur sempre tali.

Solo il *Coordinamento Nazionale Trans FtM* aderì al *Manifesto* e, nel giro di qualche anno, lo stesso *Coordinamento* - di fatto - si sciolse in Crisalide per una maturazione politica interna che non richiedeva più il bisogno di "*lavorare separatamente*" fra trans *MtF* e *FtM* (sigle che vogliono dire rispettivamente *Maschio transizionante Femmina* e *Femmina transizionante Maschio*), ma che anzi emergeva sempre più forte l'esigenza di stare insieme, lavorare insieme, ed anche rapportarsi umanamente più proficuamente ed insieme.

C'è da dire che per decenni i *trans* da *Femmina a Maschio* non vedevano di "*buon occhio*" noi *MtF*. Troppo "*baraccone*" e "*casiniste*" per le loro esigenze di mimetizzazione fra gli uomini nati tali. Ma *Crisalide* era diversa e attraeva a sé una tipologia di *trans mtf* meno *estrema* nel look, più *intellettuale*. Inoltre gli *FtM* stavano iniziando a scoprire - grazie al lavoro insostituibile di *Davide Tolu* e di *Matteo Manetti*, co portavoci del citato *Coordinamento* - l'orgoglio di essere *transgender* o, perlomeno, stavano abbandonando l'idea del mimetismo a tutti i costi "perché nessuno sapesse". Crisalide è diventata, in breve tempo, un'associazione "*fifty fifty*" fra *FtM* e *MtF*. Un obbiettivo impensabile fino a pochi anni prima. Impensabile ancora oggi per molte altre Ass.ni transgender italiane.

Quindi questo *Manifesto* è una vecchia idea del 2001. Da allora sono accadute tante cose, ma le intuizioni di quel documento hanno resistito (con qualche piccola modifica) al tempo e, nel rieditarlo per la settima versione, mi sono resa conto di quanto fosse ancora attuale, di quanto poco fossimo davvero riusciti a cambiare, nelle questioni di fondo della comprensione riguardo la realtà *transgender*, ma - ancora di più - della sua insostituibilità riguardo la filosofia di vita, la concezione stessa dell'essere umano, figlia del pensiero transgender, condensata in poche pagine, intense ma comprensibili senza il bisogno di leggere *tomi* di centinaia di pagine.

Mi è sembrato quindi utile, dargli una *rinfrescata* e renderlo nuovamente disponibile a chi lo volesse leggere o possedere come un "*bignamino*" del pensiero transgender made in Italy.

Certo mancano delle cose venute fuori in anni più recenti.

Ma esse faranno parte di un testo che rappresenterà la continuazione ideale del Manifesto e che per ora giace solo nei miei pensieri e fantasie.

Una cosa è certa: questioni come la transfobia, l'omosessualità trans (translesbismo e transgay), i progetti transfemminista e dell'"*Uomo Nuovo*", ovvero di un uomo *de-maschilistizzato*, un uomo libero dai condizionamenti del maschilismo, devono prima o poi trovare spazio per essere trattati anche in Italia; pena il restare la solita provincia del mondo cui siamo abituati.

Genova 23 luglio 2007
ri- editing del 18 marzo 2009

Mirella Izzo

Parte prima:
Premesse

PREMESSE

- la definizione di sesso maschile/femminile, deriva da un'impostazione dualistica basata sull'analisi degli organi genitali e della mappa cromosomica. Tale definizione è solo apparentemente scientifica in quanto, in natura, sono presenti stadi intermedi di intersessualità, sia fisica (presenza di genitali misti), sia cromosomica. E' quindi scientificamente provato che i sessi, in natura, non sono due.
  L'attribuzione di una persona al sesso maschile o femminile è pertanto arbitrariamente imposta alle persone intersessuate;

- L'attribuzione del sesso maschile o femminile, inoltre, basandosi esclusivamente su parametri fisici, non tiene in considerazione l'aspetto psicologico del senso di appartenenza ad un sesso/genere piuttosto che ad un altro ed è quindi arbitrariamente imposta a tutti.

- un processo di identificazione sessuale, eticamente e scientificamente corretto, dovrebbe tenere presente tutte le variabili che costituiscono la formazione di una identità umana sessuata, e tutte le possibili combinazioni tra esse; ovvero:

1. identità di genere (il senso intimo di appartenenza al genere/sesso maschile o femminile - ovvero all'uomo o alla donna - o ancora a zone intermedie tra i due generi estremi)
2. ruolo di genere (il ruolo sociale nel quale ci si sente sintonici rispetto agli stereotipi maschile/femminile all'interno della propria realtà culturale)
3. sesso cromosomico (la risultanza degli effetti del sesso cromosomico su corpo e genitali)
5. orientamento sessuale (il desiderio di instaurare rapporti che investono l'eros con persone che appartengono allo stesso/diverso sesso biologico o che appartengono allo stesso/diverso sesso psicologico quando esso non corrisponda al sesso biologico)

13

Quanto sopra esposto evidenzia una verità nascosta e negletta: i sessi e le relative identità di genere non sono due ma rappresentano un continuum di possibilità che vede ai due estremi i concetti/stereotipi di "*maschile*" e "*femminile*" (*vedi appendice 1*).

Essendo i termini *maschio* e *femmina* spesso attribuiti ad un mero riconoscimento cromosomico e quindi considerati invariabili, ed assumendo invece i termini *uomo* e *donna* significati anche culturali e psicologici, sarebbe più corretto parlare - nell'ambito del transgenderismo - di transizioni da *maschio a donna* e da *femmina a uomo* anziché da *maschio a femmina* o viceversa.

Al contrario di quanto avviene attualmente, dove il sesso e quindi il suo g*enere* implicitamente conforme, sono arbitrariamente attribuiti alla nascita sulla base esclusiva dei dati biologici, il *genere* di una persona non dovrebbe essere in alcun modo definito fino al momento in cui la stessa non arrivi ad identificarsi con un una *Identità di Genere* (che potremmo anche chiamare *sesso psicologico*, semplificando). Ne consegue che *sesso* e *identità di genere*, contrariamente a quanto avviene oggi in quasi tutte le società, non dovrebbero essere considerati necessariamente sinonimi e come tali, sempre e comunque *coerenti* e congiunti.

In molti ordinamenti giuridici non esiste alcuna differenza fra *sesso* e *genere*, nonostante che il primo indichi esclusivamente un *dato* di origine genetica, quale il *cariotipo personale* nella individuale combinazione fra *cromosoma X* e *cromosoma Y*, il secondo, invece, un senso di appartenenza.

Logica vorrebbe che l'*Identità di Genere* dovesse assumere il valore più importante e significativo nella scelta del proprio *Genere* di appartenenza, evitando le attribuzioni "ob torto collo" finora applicate Anche perché G*enere* e *Identità di Genere* includono e considerano anche il S*esso cromosomico*, mentre quest'ultimo indica una sola oggettività cariotipica. I primi rappresentano una valutazione globale dell'individuo, il secondo una mera osservazione clinica. Dovrebbe, quindi, essere possibile avere persone di *Sesso cromosomico* maschile con

Identità di Genere femminile e viceversa, senza evocare stati di *"anormalità"* o *"aberrazione"*.

Questa disgiunzione possibile dovrebbe essere applicabile sia nel caso di *transgenderismo*, sia in quello di *intersessualità*, sia in ogni altra forma di *Varianza di Genere.*

Infine, essendo *l'Orientamento Sessuale* l'aspetto comunicativo e sociale dell'*Identità di Genere*, esso dovrebbe poter essere liberamente espresso prescindendo dal proprio *Sesso Cromosomico* e/o dalla propria *Identità di Genere*, anche in assenza di coincidenza fra i due fattori.

Aumentando le *variabil'* dell'*Identità di Genere* che entrano in gioco, automaticamente si incrementano in modo esponenziale i possibili *Orientamenti Sessuali.*

Questa realtà (perché è già presente nella società, ma nessuno ha voglia di analizzarla seriamente) determina un senso di confusione estremo, in quelle persone che sono vittime dello schema duale maschile/femminile. Costoro riescono quindi ad immaginare al massimo tre tipologie di *orientamento sessuale*: Eterosessuale, Omosessuale, Bisessuale.

In realtà le innumerevoli *Varianti di Genere*[1] e quindi di *Orientamento Sessuale*, costituiscono un arricchimento delle possibilità di espressività degli esseri umani, ormai liberati dai concetti di *estro*, *calore*, *fecondabilità*, ecc., ma non ancora dalla derivante logica sessuale binaria. Un elenco non esaustivo delle possibili varianti che comunque non tiene conto – per semplificazione – né delle realtà intersessuate (androgine e ginandre), né della possibili relazioni affettive multiple (e diversamente orientate), né delle relazioni che si alternano differentemente orientate nel corso della vita di una persona, è indicato nell'*Appendice 2* del Manifesto.

---

[1] Si considerano *Varianti di Genere* (*Gender Variant*) tutte quelle tipologie identitarie che non corrispondano ai criteri di eleggibilità fisica o anche solo psicologica per essere considerati *uomini*, *donne* o *transessuali*, quindi persone che passando da un genere sessuale all'altro non mettono in discussione la binarietà dei sessi

Parte seconda
I diritti fondamentali

I DIRITTI FONDAMENTALI

- L'espressione della propria *Identità di Genere* è un diritto soggettivo e - in quanto tale - da considerarsi intrinseco ed inalienabile per ogni essere umano. Esso è elemento fondante delle singole personalità/individualità e mezzo indispensabile per la realizzazione piena del proprio sé.

- L'adeguamento della propria *Identità di Genere* - qualora non corrisponda al sesso biologico con il quale si è nati ed ai relativi stereotipi culturali di "maschile/femminile" (negli abiti, nella gestualità, nelle modalità espressive, ecc.) - è patrimonio culturale dell'umanità da sempre ed appartiene al libero arbitrio della persona

  Tale libertà si è espressa nelle culture umane di ogni tempo e luogo: i termini *Winkte* della cultura *Lakota*, *Nadle* della cultura *Navajo*, *Hijiras* della cultura *Indiana*, Xaniths della cultura islamica dell'*Oman*, *Mahu* della cultura *Tahitiana*, *Sekrata* della cultura del *Madagascar*, *Gallae Frigi* della cultura *Gallica* e poi *Romana*, sono solo alcuni tra i nomi dati alle persone che transizionavano nei modi di vestire, di comportarsi, di ruolo sociale, da un *Genere Sessuale* all'altro. Sovente a queste persone era attribuito uno status sociale rilevante e venivano loro riconosciuti precipui ruoli, all'interno di ogni singola comunità e cultura, quali quello di "tramite di comunicazione tra i sessi maschile e femminile".

  Transgender (*transgenere*) è il termine, attuale ed internazionale, erede naturale di tutte le esperienze umane del passato, sopra elencate, armonico alla cultura della società moderna.

- Con l'evoluzione della tecnologia, della scienza, della medicina è attualmente possibile rinforzare l'adeguamento della propria *Identità di Genere* sentita, attraverso modificazioni che investono direttamente il proprio corpo. Esse sono di natura chimica (assunzione di ormoni adeguati) e chirurgico-estetica (interventi sui caratteri sessuali secondari e primari).

  Tali modificazioni altro non sono che la disponibilità di

19

strumenti più affinati e più efficaci, appartenenti allo stesso fenomeno, da sempre presente - e con diritto - nella storia dell'umanità e pertanto sono da considerarsi mezzi leciti ed adeguati per le persone che vogliano modificare lo status della propria *Identità di Genere*, sia nelle sue forme intermedie (*transvestitismo*, *transgenderismo*), sia nella forma più estrema che include anche la rettificazione chirurgica genitale (una volta considerata l'unico *transessualismo*).

In ogni sua espressione culturale, etnica, antropologia, l'essere umano ha utilizzato abiti, colori ed altri materiali per modificare (truccare) il proprio corpo per le più svariate motivazioni. Fra esse non può non essere inclusa una motivazione pregnante come quella di una Identità di Genere difforme dal proprio sesso. Tutti gli strumenti atti alla modifica del proprio corpo sono particolarmente leciti proprio in questo specifico caso.

Il diritto all'utilizzo di questi strumenti fa quindi parte del diritto inalienabile all'espressione del proprio *Genere*.

- Le dispute scientifiche sul fatto che *transgender* si nasca o si diventi, sul fatto che sia una condizione statica o evolutiva, che vi sia una predisposizione genetica o ambientale/familiare, non ha - a tutt'oggi - trovato risposte univoche e certe. Qualunque dovesse essere tale risposta (se mai ve ne sarà una univoca), il diritto all'affermazione della propria *Identità di Genere* sentita - in qualsiasi momento della propria vita - dovrà restare immutato, in quanto appartenente ai diritti fondamentali della persona.

- la non coincidenza tra *Sesso Cromosomico* e Id*entità di Genere* non può, a tutt'oggi, essere considerata una malattia medica. E' semplicemente - tra le possibili combinazioni che formano una identità umana sessuata - quella più *estrema*. Le persone che vivono questa condizione non sono necessariamente malate psichiatriche, disforiche o disturbate. Più semplicemente - vivendo una condizione *estrema* e non ancora spiegata dalla scienza - devono/possono affrontare un percorso di *modificazione* del proprio corpo che può renderle più fragili

20

rispetto a chi vive un'*Identità di Genere* che coincide perfettamente con il proprio Sesso Cromosomico. Se di patologia certa si può parlare essa è da considerarsi una patologia sociale figlia dell'incomprensione ostile del *fenomeno* e del derivante *stigma sociale*. L'unica disforia applicabile a tutte le persone transgender è una disforia sociale, che nasce nel momento in cui si diventa consapevoli che essere quel che si è, è considerato un grave "peccato", una vergogna.

- Una società sana ed etica dovrebbe aiutare quelle persone che dovessero incontrare difficoltà nel proprio percorso di transizione, al fine di recuperarne l'apporto positivo e sereno al suo stesso interno.

I DIRITTI SOCIALI E POLITICI

Al contrario di quanto avveniva nelle culture precedenti, l'affermazione delle religioni monoteistiche rivelate (fondamentalmente quelle derivanti da *Abramo*) ha rapidamente modificato lo *status sociale* delle persone *transgender*. I codici morali di queste religioni che hanno influenzato/determinato lo sviluppo delle culture successive, prevedono infatti una rigida suddivisione e separazione tra i sessi, considerando *validi* e rigidamente schematizzati i soli sessi *maschile* e *femminile*. Non solo: tra di essi è stata (im)posta una lunga serie di differenti codici comportamentali (*Ruoli di Genere*) che ha contribuito alla loro reciproca incomunicabilità e - quasi sempre e quasi ovunque - la sopraffazione del *sesso maschile* sul *sesso femminile*. Per le condizioni intermedie (intersessuati) e per le condizioni di transito da un "*sesso*" ad un "*altro*" non vi è stato più spazio.

Per secoli, tali condizioni sono state relegate ad una mera realtà di aberrazione fisica (*intersessuati*) e psicologica (*transgender*). Solo in questi ultimi decenni - ed esclusivamente nelle civiltà che hanno posto la scienza al di sopra dei credi religiosi - è comparsa una lenta - e comunque ancora molto contrastata - presa di coscienza sull'*Identità di Genere* e sulle sue *Varianti*. Questa presa di coscienza è però soprattutto accademica ed ha ancora pochi ed insufficienti riscontri negli ordinamenti giuridici degli Stati di quasi tutto il mondo.

A ragione di ciò, tuttora, la persona *intersessuata* è costretta a subire, alla nascita, una rettificazione sessuale chirurgica che la assegna ad uno dei due sessi *validi/validabili*, senza concederle il tempo e la possibilità di sviluppare la propria *Identità di Genere* verso uno dei due sessi o di comprendere che la propria realtà di *Genere* si pone in una posizione intermedia e non definibile dal binomio *maschio/femmina* e decidere, quindi, di restare nella propria condizione intermedia. Questa prassi chirurgica neonatale provocherà - è evidente - il verificarsi di casi di *transgenderismo indotto,* a seguito dello sviluppo psicosessuale successivo della persona, in età adulta o puberale.

Casi di sofferenza, quindi, provocati artificialmente a causa di pregiudizi (sotto)culturali e non per ragioni mediche, di salute.

Le persone *transgender* godono - in una minoritaria parte del mondo - del diritto giuridico di esistere, solo ed esclusivamente se *decidono* di adeguarsi, nella loro transizione, ad uno dei due modelli fisici, di ruolo e identitari di *maschio* e *femmina*, rendendo praticamente obbligatorio, per chi voglia veder riconosciuta legalmente la propria esistenza, un *processo chirurgico di mutilazione e trasformazione dei propri genitali*. Anche in questo caso per molte persone *transgender* si crea un percorso obbligato consistente nella rettifica chirurgica sessuale dei genitali al solo fine di ottenere pieno godimento del diritto ad esistere in quanto soggetto giuridico.

Intersessualità e *transgenderismo* sono quindi ritenuti socialmente accettabili solo ed esclusivamente in relazione ad un percorso il cui termine è rappresentato da una *nuova* appartenenza binaria *maschile/femminile*.

Mentre alle persone *intersessuate* il diritto all'esercizio del libero arbitrio sulla propria *identità* viene estirpato alla nascita, le persone *transgender* che non vogliano/non sentano di adeguarsi oltre i propri bisogni ad una delle polarità *maschio/femmina*, dovranno affrontare una vita nella quale la loro condizione di genere misto (es. genitali maschili in corpo femminile) semplicemente non è prevista giuridicamente.
Per costoro il destino è quello di vivere in un eterno limbo giuridico che espone ai più svariati abusi e interpretazioni di comodo da parte di chiunque eserciti il benché minimo potere legale e amministrativo.
Stesso destino per le persone *transgender* che desiderino sottoporsi a rettificazione chirurgica genitale, durante il periodo successivo all'inizio della transizione e precedente l'intervento che dà diritto alla rettificazione anagrafica.
Alcuni paesi[2] prevedono, nel loro ordinamento giuridico, la possibilità di cambiare il nome secondo il genere sentito, pur continuando ad appartenere al sesso di nascita dal punto di vista anagrafico.
In questi casi l'"ibridazione" tra nome e sesso potrà generare una interruzione di continuità tra gli stessi e dare quindi origine, ad

---

[2] Non è il caso dell'Italia che proibisce anche il cambio di nome, se di "genere" diverso da quello attribuito alla nascita

esempio, a dei *Mario di sesso femminile* e a delle *Maria di sesso maschile*. Un chiaro fraintendimento della *filosofia transgender* che mette in discussione l'identificazione totale tra *Sesso e Genere* e non tra *Sesso Anagrafico e Nomi* (che per quanto ci riguarda potrebbero essere tutti neutri)

Inoltre, la disgiunzione fra *nome* e *sesso*, nelle nostre società, se viene resa nota[3], determina un peggioramento e non un miglioramento rispetto allo *stigma sociale* che le persone *trans* subiscono normalmente. Non è difficile immaginare *sfottò* di ogni sorta per una *Mirella maschio* (quindi anche uomo per il nostro ordinamento civile). Diverso sarebbe una *Mirella* di *Sesso Cromosomico maschile* e di *Genere femminile* e fosse quest'ultimo riportato nei documenti!

Per questa ragione, alcuni Stati (al momento *Gran Bretagna* e *Spagna*) hanno recentemente fatto una scelta diversa che davvero aiuta a rendere le condizioni *transgender* più protette riguardo la *privacy* e maggiormente rispettose dell'*Identità di Genere* delle persone, a discapito del mero *Sesso Cromosomico e biologico* e, come tali, di miglior effetto sulla qualità della vita delle persone.

La soluzione trovata si affida a leggi che considerano il *Genere* (seppur raramente previsto dalle anagrafi se non come sinonimo di *Sesso*) il vero e più importante elemento di valutazione per l'attribuzione di un *sesso* piuttosto che un altro. Quindi sarà l'*Identità di Genere*, nel caso in cui differisca dal *sesso*, a determinare la trascrizione del *sesso/genere* sui documenti.

In *Gran Bretagna* e in *Spagna* (forse presto anche a *Cuba*), quindi è concesso il *cambio di sesso*, a prescindere dalle trasformazioni fisiche eseguite, ed in particolar modo dall'intervento di *rettificazione genitale*, se si è in presenza di una persona che possa provare di avere una *Identità di Genere* stabilizzata, opposta al proprio *Sesso Cariotipico*.

Il *cambio di nome* sarà pertanto solo una logica conseguenza del *cambio di sesso/genere*, proprio per evitare una disgiunzione fra *nome* e *sesso del nome* - teoricamente auspicabile in un futuro di maggiore consapevolezza - ma culturalmente prematura e persino dannosa, per i motivi già pur brevemente spiegati.

---

[3] in Italia è cosa ovvia a causa del *Codice Fiscale* che evidenzia il sesso delle pesone

25

26

Parte terza
Gli obbiettivi

GLI OBIETTIVI DI FONDO

- eliminazione dello stato di illegalità delle condizioni *transgender* e *transessuale* in tutti i paesi in cui è prevista e punita con ammende, carcere, pena capitale;

- divieto di assegnazione chirurgica sessuale alla nascita delle persone *intersessuate*, salvo nei casi in cui quel particolare stato di intersessualità non implichi pericoli per la salute. In tali casi l'intervento dovrà essere ridotto al minimo indispensabile per mantenere aperte le opzioni di scelta alla persona, una volta adulta;

- abolizione dell'indicazione di sesso e/o genere come dato anagrafico rilevante, almeno fino alla maggiore età, al fine di:
  - tutelare le persone *intersessuate* dall'assegnazione chirurgica neonatale ad un sesso a fini legali e anagrafici;
  - tutelare le persone transgender adolescenti al fine di non obbligarle a decisioni premature dovute a condizionamenti sociali;
  - garantire ad ogni persona, in qualsiasi momento della propria vita, la possibilità di scegliere la propria appartenenza di "*genere*".
  - liberare le *unioni matrimoniali* dal vincolo dell'eterosessualità.

GLI OBIETTIVI CONTESTUALIZZATI
(il seguente capitolo può contenere parti che possono diversificarsi da nazione a nazione in base alle diverse situazioni sociali, politiche e legislative locali)

DIRITTO ALL'IDENTITA'

- far approvare una legge in Italia sullo spirito di quella spagnola anche in ottemperanza alle numerose sentenze delle Corti Europee e del Parlamento Europeo che prevedono l'assoluta equiparazione delle persone *transgender*, in diritti e doveri, ad ogni altro *uomo* o *donna*.

GRATUITA' TRANSIZIONE

- Il disagio della persona transgender risulta quasi sempre insormontabile in assenza di interventi - attraverso una modificazione anche della propria immagine corporea - mediante interventi farmacologici e/o chirurgici.

Tale disagio può facilmente portare l'individuo a scelte estreme, quali il suicidio o alla negazione della propria condizione, nel tentativo di impostare la propria vita secondo il genere sessuale assegnato alla nascita.

Una scelta che ha implicazioni drammatiche anche nei confronti delle persone con cui si relazionano, in quanto, pur di tentare di affermare un'identità contraria al proprio spirito, molte persone *transgender* spesso agiscono avventatamente pur di affermarsi nel sesso di nascita e rifiutare il proprio disagio. Spesso si convincono a sposarsi e ad avere figli come fosse una terapia per "*guarire*" e, nel giro di pochi anni, drammaticamente abbandonano tutto, sotto la pressione, raramente arrestabile a lungo, della propria *Identità di Genere* interiore.

Una scelta che può anche portare alcuni alla negazione totale di sé stessi per tutta la vita, conducendo spesso alla perdita delle capacità di relazionarsi con gli altri e producendo un disagio che può sfociare in vera e propria malattia mentale che può includere l'isolamento totale o parziale dalla societa' (ad esempio autismo, o altre forme di autorepressione violente o pseudoviolente), fino al suicidio "*inspiegabile*".

Così come lo *"strabismo"* oculare viene corretto chirurgicamente in modo gratuito, altrettanto dovrebbe accadere per le cure (in questo caso non solo e non obbligatoriamente anche chirurgiche) per questa forma particolare di *"strabismo"* riguardante l'identità di genere.

INSERIMENTO SOCIALE E LAVORATIVO

Allo stato attuale delle cose, la conoscenza della realtà *transgender* e *transessuale* da parte della cosiddetta *società civile* è confusa, approssimativa e ricca di pregiudizi, talvolta molto gravi. Tali pregiudizi, che consistono ad esempio nell'equivalenza *trans* = *prostituta* o che rimuovono la coscienza dell'esistenza stessa dei *transgender* da *femmina a uomo*, portano ad una eterna emarginazione delle persone transgender dal tessuto sociale in cui nascono, crescono e vivono. Attualmente sembra che l'unico modo, per una persona transgender, di avere garanzie (quasi) certe di una vita non emarginata, sia quello di operarsi, ottenere la rettifica anagrafica e poi sparire dal posto in cui si è vissuto fino a quel momento per riapparire *"magicamente"* altrove, dove nessuno possa *scoprire* il proprio passato.

Alla fine pare che, l'unico modo certo per vivere una vita non emarginata, sia rappresentato dalla negazione della propria *identità*, del proprio passato, del proprio percorso di transizione, della propria famiglia, del proprio territorio. Di tutto!

Se questa scelta di *cancellare* un passato che non appartiene può talvolta essere libera e corrispondere all'intimo desiderio della persona *transgender*, essa non deve trasformarsi in una sorta di vincolo obbligato per quelle altre persone *transgender* che invece desidererebbero vivere dignitosamente e rispettate, mantenendo le proprie radici affettive nel posto dove sono cresciute o che desiderano non nascondere la propria biografia e portare con dignità ed anche orgoglio la propria condizione *transgender* e la relativa cultura di uno specifico così raro e particolare.

Del resto le possibilità di inserimento lavorativo per una persona *transgender* (in modo particolare per le *trans mtf*) è estremamente più difficile rispetto ad una persona *non transgender*. Sebbene in misura minore, è anche difficile mantenere il proprio lavoro (quando esso sia già presente prima dell'inizio della *transizione*) ed il prezzo da pagare e comunque spesso quello di pesanti discriminazioni, interruzioni o retrocessione della propria carriera, *mobbing*.

Per porre fine a queste situazioni, certamente è necessario cambiare la percezione sociale della condizione *transgender*: liberarla da questa sorta di *comma 22*[4] dal quale è difficile uscire. Un *comma* che potrebbe recitare:

"*Una transgender non può trovare altro lavoro se non quello di prostituta, ma se vuole cercare un altro lavoro, deve prima cancellare dall'immaginario collettivo l'idea che la trans sia – per proprio intimo bisogno - sempre e comunque una prostituta*".

Sembra poi che la società istighi le donne *transgender* alla prostituzione in ogni modo: sia per quanto sopra esposto, sia negando la gratuità delle modifiche sui caratteri sessuali secondari che hanno costi elevatissimi e che possono essere sostenute solo disponendo di una certo benessere economico. Se a questo si aggiunge che, sovente, le ragazze *transgender* sono vittime di abiura da parte delle proprie famiglie di origine, con conseguente perdita di supporto affettivo ed economico, si può ben immaginare quanto stretta sia la via per evitare la prostituzione come mezzo di sostentamento economico e di mantenimento della *transizione*.

PROSTITUZIONE

L'esercizio della prostituzione potrebbe essere considerato un lavoro come qualsiasi altro. Vendere il proprio corpo al fine di provocare l'altrui piacere è sicuramente moralmente ed eticamente meno discutibile che vendere il proprio cervello, ad esempio, per costruire armi o qualsiasi strumento atto alla

---

[4] dal libro "*Comma 22*") di Joseph Heller. Nel libro si citava il paradosso di un immaginario comma 22, composto dai due seguenti articoli:
Articolo 12, Comma 1
«L'unico motivo valido per chiedere il congedo dal fronte è la pazzia.»
Articolo 12, Comma 22
«Chiunque chieda il congedo dal fronte non è pazzo.»

distruzione della vita umana e animale.

Ciò premesso, la prostituzione potrebbe essere considerata una libera scelta solo nel caso in cui non esistesse alcuna condizione di discriminazione (razziale, economica, sessuale, ecc.) che la inducano, la istighino, la determinino.

Solo quando non esisterà più alcuna ragione di emarginazione sociale, si potrà affermare che una persona (sia essa *transgender*, uomo o donna *genetici*) eserciti liberamente tale professione. Senza questa condizione essenziale, anche l'auto-affermazione di esercizio di libero arbitrio, risulta spesso inquinata da motivazioni psicologiche di autodifesa.

La piena dignità umana si accompagna sempre e comunque alla possibilità di scegliere liberamente ed alla pre-condizione di pari opportunità rispetto agli altri.

La politica della *riduzione del danno* resta - nei casi di tratta o di condizioni sociali che abbiano determinato o spinto una persona verso la prostituzione - la via maestra da seguire al fine di favorire una fuoriuscita dal *mestiere*, senza costringere le persone a passare attraverso giudizi etici e umiliazioni sulla loro individualità. Ma la vera battaglia a medio e lungo termine è quella di non creare più le condizioni che rendano tale scelta una via obbligata o quasi.

LEGGI ANTIDISCRIMINAZIONE

Allo stato attuale non esistono in Italia - e nella maggior parte dei paesi non UE e non USA - norme antidiscriminatorie specifiche per le persone *transgender*[5]. A questo proposito, per i paesi UE, è determinante riportare per interlo l'*abstract* della sentenza della Corte di Giustizia Europea *P. v. S. and Cornwall County Council* del 30 aprile 1996:

"In considerazione dello scopo della direttiva 76/207, relativa all' attuazione del principio della parità di trattamento tra gli uomini e le donne per quanto riguarda l'accesso al lavoro, alla

---

[5] Istituzionalmente definite "transessuali"

formazione e alla promozione professionali e le condizioni di lavoro, l' art. 5, n. 1, di detta direttiva osta al licenziamento di una persona transessuale per motivi connessi al suo mutamento di sesso. Infatti, poiché il diritto di non essere discriminato a causa del proprio sesso costituisce uno dei diritti fondamentali della persona umana, la sfera d'applicazione della direttiva non può essere ridotta alle sole discriminazioni dovute all' appartenenza all' uno o all' altro sesso, ma si estende alle discriminazioni determinate dal cambiamento di sesso. Invero queste sono basate essenzialmente, se non esclusivamente, sul sesso dell'interessato, giacché licenziare una persona per il motivo che intende subire o ha subito un cambiamento di sesso significa usarle un trattamento sfavorevole rispetto alle persone del sesso al quale era considerata appartenere prima di tale operazione."

Con questa sentenza storica la Corte di Giustizia Europea ha stabilito che le persone *transgender* sono tutelate dalle disposizioni che vietano la discriminazione sessuale.

Per l'esattezza, le norme che in Italia vietano la discriminazione sessuale e promuovono le pari opportunità, e che pertanto dovrebbero essere applicate alle persone transgender, sono:

- "legge n°903 del 9/12/1977" *parità di trattamento tra uomini e donne in materia di lavoro* (legge di attuazione della Direttiva Europea n° 207 del 1976 *Equal Treatment Directive* e n° 117/75 *Equal pay Directive*.

- "legge n° 125 del 10/4/91" *Azioni positive per la realizzazione della parità uomo – donna nel lavoro*

- "legge n° 300 del 20/5/1970" *Statuto dei lavoratori*, ed in particolare *l'articolo 15* che vieta i comportamenti discriminatori

- "legge n° 108 dell'11/5/90" *disciplina dei licenziamenti individuali.*

In ultimo la recente Direttiva 2006/54/CE Del Parlamento Europeo e del Consiglio del 5 luglio 2006, riguardante *l'attuazione del principio delle pari opportunità e della parità di trattamento fra uomini e donne in materia di occupazione e impiego (rifusione)* fa propria la citata sentenza della Corte di Giustizia e di altre, quando, nelle sue premesse, al *consideranda* n. 3, scrive:

La Corte di giustizia ha ritenuto che il campo d'applicazione del principio della parità di trattamento tra uomini e donne non possa essere limitato al divieto delle discriminazioni basate sul fatto che una persona appartenga all'uno o all'altro sesso. Tale principio, considerato il suo scopo e data la natura dei diritti che è inteso a salvaguardare, si applica anche alle discriminazioni derivanti da un cambiamento di sesso.

Alla luce di Sentenze e Direttive UE, la condizione *transgender* dovrebbe risultare particolarmente protetta dalle leggi italiane che hanno recepito in pieno la precedente Direttiva europea contro la discriminazione sessuale e che dovranno accingersi a recepire questa ultima Direttiva, ancora più specifica in merito. In realtà constatiamo che né avvocati, né corti giudicanti italiane sono spesso a conoscenza di tali vincoli e quindi nelle singole cause, raramente viene applicato l'importante principio secondo cui le discriminazioni dovute alla condizione di transizione sessuale rientrano a pieno titolo in quelle descritte per "*sesso*".
Compito dei soggetti politici che si riconoscono nel presente Manifesto è quello di portare alla conoscenza della pubblica opinione questi diritti fondamentali sanciti a livello europeo e che non possono essere elusi dalla giustizia italiana (vedi *Appendice 3*).
Al fine di evitare una tale omissione - più o meno colpevole – sarebbe opportuno chiedere che nelle nuove leggi di recepimento dell'ultima Direttiva Europea sia fatto esplicito riferimento al *consideranda* 3 e, ancor meglio, all'*abstract* della Sentenza di cui sopra, al fine di evitare ignoranze o distrazioni nelle sedi giudicanti le questioni sulle pari opportunità fra uomini e donne.

Ricordiamo infine che, in Italia, l'articolo 8 dello Statuto dei lavoratori vieta, a partire dalla fase dell'assunzione (e dei colloqui preliminari all'assunzione) le indagini su fatti non rilevanti ai fini della valutazione dell'attitudine professionale del lavoratore: qualsiasi indagine volta a scavare nella vita privata del/la candidato/a o del/la dipendente transessuale, anche allo scopo di sapere se la persona è transessuale, è perciò illecita.

LEGALIZZAZIONE DELLE *COPPIE*

Essendo ormai scientificamente provato che i sessi *maschile* e *femminile*, nelle accezioni fino ad ora accettate, non siano più attuali, che possano esistere, negli esseri umani, diverse *identità di genere*, il consentire il matrimonio esclusivamente a chi si sente di appartenere ad uno di questi stereotipi, è quantomeno anacronistico e soprattutto non corrisponde al bisogno fondamentale ed inalienabile di ogni essere umano di amare e di godere di alcuni diritti rispetto all'impegno di *mettere insieme* la propria vita con un'altra persona, in virtù di un legame d'amore.
Per questo motivo matrimonio ed altre forme eventuali di unioni civili dovrebbero essere svincolate dal Genere e dall'*Orientamento Sessuale* delle persone.
Solo in questo modo sarà possibile dare diritti e pari dignità a tutte le varietà e sfumature di ogni essere umano.

DIRITTO ALLA CONSERVAZIONE DEL MATRIMONIO

Qualora una persona inizi la transizione sessuale e la completi ai sensi della legge ancora in vigore in Italia (*n. 164/82)*, dovrà obbligatoriamente accettare lo scioglimento automatico del vincolo matrimoniale. Un obbligo imposto dalla morale corrente che vede questa istituzione un diritto/dovere di appannaggio esclusivo delle coppie maschio/femmina. La coppia nella quale uno dei due partner porti a termine la transizione sessuale è attualmente completamente esautorata da ogni diritto di scelta riguardo la possibilità di continuare il proprio vincolo matrimoniale.
La scelta dovrebbe invece essere lasciata alla libera volontà di

entrambi i coniugi anche perché l'attuale situazione determina contesti paradossali: una persona *transgender* infatti, che abbia terminato il proprio percorso di transizione con l'unica eccezione dell'intervento sui genitali (e che quindi non abbia – per lo Stato – usufruito per scelta del diritto alla rettificazione anagrafica) potrà continuare ad esercitare il proprio diritto al matrimonio ed alla genitorialità.

E' un obbiettivo fondamentale impegnarsi affinché venga a cessare la convinzione secondo la quale, tutti i diritti nei riguardi di situazioni che coinvolgono forti legami affettivi e l'espressione dell'amore umano, debbano essere subordinati alla presenza di una vagina e di un pene (per quanto, nel caso delle persone *transgender*, entrambi infertili). Ciò è semplicemente insensato.

DIRITTO ALLE ADOZIONI

Se per l'adozione di figli da parte di persone omosessuali, la contestabilissima obiezione che viene posta è riferita ad una presunta necessità del bambino di aver bisogno, per una crescita psicologica armonica, di due figure genitoriali polarizzate (maschio e femmina), tale pregiudizio dovrebbe decisamente cadere per una coppia eterosessuale di cui uno dei componenti è ex *transgender*, in quanto essa garantirebbe al bambino la pur discutibile *polarità* richiesta. Ciononostante l'accesso all'adozione per una persona ex *transgender* è – di fatto – molto difficile a causa del fatto che il *trascorso* della *transizione* resta iscritto nel Certificato (o Attestato) Integrale di Nascita a cui i giudici per le adozioni hanno accesso. Ed è totalmente negata alle persone transgender non operate ai genitali.

E' quindi indispensabile consentire immediatamente alle coppie *transgender* di adottare.

In ogni caso la vera e fondamentale contestazione ai principi fino ad oggi adottati, si basa sul presunto bisogno di figure genitoriali polarizzate. Sono ormai innumerevoli e comunemente accettati, gli studi su figli di genitori *gay*, *lesbiche* e persino *trans*, che dimostrano l'irrilevanza della questione. Un bambino ha bisogno semplicemente di essere amato e di poter avere dei riferimenti affettivi significativi (non necessariamente padre e madre, ma anche nonni, zii, amici) che gli consentano di rappresentare interiormente le differenziazioni sessuali e di genere (quindi non solo gli estremi *maschio/femmina*).

Un bambino che cresca sapendo che non esistono solo gli estremi *maschio* e *femmina* ed un unico *orientamento sessuale eterosessuale*, ma che sia consapevole dell'esistenza delle persone *omosessuali, lesbiche, bisessuali, intersessuate* e *transgender*, non svilupperà traumi psicologici, quanto piuttosto una apertura mentale che lo preparerà allo sviluppo di una personalità ricca e non discriminatoria nei confronti delle differenze, nella sua età adulta. Non solo, tale apertura gli renderà più semplice e naturale comprendere sia la propria *Identità di Genere*, sia il proprio *Ruolo di Genere*, sia il proprio O*rientamento Sessuale*.

Peraltro è ormai provato che la presenza di genitori *omosessuali* o di uno o due genitori *transgender* non favorisce la predisposizione all'*omosessualità* o al transgenderismo del bambino.

E' pertanto opportuno estendere il diritto all'adozione anche alle coppie omosessuali, siano esse *genetiche* oppure siano esse costituite da una o due persone *transgender e/o intersessuate*..

DIRITTO ALLA GENITORIALITA'

capitolo 1 (Casi in cui non si sono avuti figli)

Una *coppia eterosessuale* formata da una donna genetica e da un uomo *transgender* potrebbe accedere alla genitorialità mediante fecondazione eterologa (con gameti maschili esterni alla coppia) per consentire la fecondazione della donna.

Altrettanto, una coppia *lesbica* formata da una donna genetica e da una donna *transgender*, potrebbe accedere alla genitorialità mediante inseminazione artificiale omologa, attraverso la conservazione preventiva dello sperma della persona *trans* nel periodo precedente la transizione.

In Italia però è vietata la fecondazione eterologa (1° caso) ed anche la fecondazione omologa per quelle coppie che non siano sposate e non corrispondano al criterio di *maschio genetico* + *femmina genetica* (2° caso). Viene, pertanto, crudelmente vietato il diritto alla genitorialità, in base esclusivamente a pregiudizi etici e morali(stici).

Sembra inoltre che - in base ad alcuni recenti studi sulle cellule staminali - sia possibile ottenere un ovulo a partire da qualsiasi cellula umana. Se questi studi trovassero conferme, diventerebbe possibile accedere alla genitorialità genetica anche per le coppie eterosessuali composte da maschio genetico e da donna *transgender*, attraverso una fecondazione omologa e l'utilizzo di un utero in prestito.

Altrettanto sarebbe possibile per le *coppie omosessuali* composte da un *maschio genetico* e da un *maschio transgender*, alle *coppie omosessuali* composte da due *uomini transgender* e alle *coppie omosessuali* composte da due *donne transgender*.

Il diritto ad una genitorialità che mantenga almeno una parte del codice genetico dei genitori è (o sarà presto) possibile per tutti.

Il diritto alla genitorialità è un diritto della persona quando non vìoli il diritto del bambino. Il diritto del bambino è quello di crescere in un ambiente amorevole e che gli consenta di conoscere fin dall'infanzia le differenti forme dei *Generi*.

Paradossalmente il figlio di una coppia *uomo genetico - donna transessuale* o di una coppia *donna genetica - uomo transessuale* offrirebbe al bambino una immagine molto più precisa delle pur contestate polarità *maschile femminile* di quanto non accada ad un bambino orfano di padre o di madre, o ad un bambino cresciuto da madre e nonna in famiglie in cui il padre è poco presente o assente.

Nessun fondamento concreto e scientifico trovano quindi le obiezioni alla maternità assistita per le persone transgender e omosessuali.

capitolo 2 (Casi in cui ci siano stati figli prima dell'inizio della transizione)

Attualmente in Italia, non esiste una legge che stabilisca la conservazione della genitorialità di un figlio avuto in un rapporto precedente la transizione. Molto spesso i giudici revocano la paternità/maternità al genitore *transgender* quando abbia ultimato l'iter previsto dalla *legge 164/82*, dopo aver - nel caso la coppia fosse stata sposata - sciolto automaticamente il matrimonio. Ciò non deve più accadere. La persona che compia ed ultimi il percorso di transizione e che abbia generato un figlio precedentemente la transizione, né è il legittimo genitore. Il cambiamento di *Identità di Genere* non rappresenta, di per sé, un limite all'esercizio della genitorialità in quanto - è dimostrato - non pregiudica minimamente l'integrità psichica (anzi la migliora), fisica o morale della persona.

Una legge dovrebbe provvedere a stabilire che la condizione *transgender* non rappresenti un limite all'esercizio della genitorialità.

RAPPORTI CON I MEDIA

I media in Italia, ma ovunque nel mondo, hanno da sempre un rapporto con la realtà *transgender* ed *intersessuata* prevalentemente morboso, spesso ignorante e persino grammaticalmente scorretto:

- <u>morboso</u> in quanto si interessa delle persone *transgender* prevalentemente per creare *colore* nei giornali, radio, tv. Da cui ne consegue un'attenzione sfrenata verso tutto ciò che è cronaca nera, rosa, nero-rosa ed un disinteresse quasi totale verso tutto ciò che invece le persone *transgender* ed *intersessuate* portano come valori culturali alla società e verso le loro problematiche, quali la discriminazione ed emarginazione sociale che subiscono. Per le persone *intersessuate* l'interesse dei media è minore, ma è comunque spesso impostato sull'evidenziazione della diversità, dell'errore genetico e quindi – di fatto – sulla identificazione di tali persone come "*mostri della natura*";

- <u>Ignorante</u> in quanto non vi è alcun approfondimento delle specificità *transgender* ed *intersessuata*, confondendo costantemente le prime due con *omosessualità* e *travestitismo feticistico* ed ignorando l'esistenza della terza;

41

- scorretto grammaticalmente, in quanto nel trattare argomenti che hanno per protagoniste persone transgender la declinazione maschile e femminile di nomi propri, sostantivi, aggettivi e verbi sono sottoposte a continui strappi indecorosi alla grammatica italiana.

Per i motivi sopra elencati ed altri ancora, compito del movimento *transgender* ed *intersessuato* nei confronti dei *media* dovrebbe essere fondamentalmente *educativo*:
La nostra azione nei confronti dei media dovrà quindi essere:
- formativa per quanto riguarda il rispetto della dignità umana delle persone *transgender*, e *intersessuate* (morbosità);
- nozionistica nel fornire le adeguate informazioni sulla diversità tra *Identità di Genere* e *Orientamento Sessuale* (ignoranza);
- grammaticale riguardo la declinazione del maschile e femminile (un esempio su tutti: «Maria è UNA transessuale», «Mario è UN transessuale», e quindi: «LA transessuale Maria» e «IL transessuale Mario» con conseguenti declinazioni dei periodi ed entrambe le persone dovrebbero avere il termine *transgender* coniugato secondo il loro sesso di elezione e non quello di nascita)

E' evidente a tutti che il pessimo trattamento mediatico ricevuto dalle persone *transgender* non è frutto di sola ignoranza ma anche, spesso, di volontaria chiusura e prevenzione moralistica.
Soltanto un *movimento transgender* ed *intersessuato* forte e capace di imporre la propria voce potrà, nel tempo, modificare ignoranza e prevenzione nei nostri confronti.

Parte quarta
Le forme di lotta per l'emancipazione

FORME DI LOTTA E DI EMANCIPAZIONE

Un movimento di emancipazione, di liberazione, di lotta per i diritti civili, deve necessariamente individuare le forme e le modalità per esprimere le proprie istanze, in una prospettiva vincente.

DIALOGO CON LE ISTITUZIONI

E' indispensabile porsi come soggetto rappresentativo delle istanze delle persone *transgender* ed *intersessuate*. Conquistare spazi di recupero per le persone *transgender* abbandonate da famiglia e società, essere strumento di informazione e controinformazione rispetto ai diritti acquisiti, proporsi come soggetto capace di elaborare testi di legge a favore della promozione dei diritti umani delle persone *transgender* ed *intersessuate*, sono tutti strumenti essenziali per un rapporto tendenzialmente costruttivo nei confronti delle amministrazioni locali e del potere politico nazionale, europeo, transnazionale.

AZIONE DIRETTA NON VIOLENTA

Dove l'azione pressante di sensibilizzazione nei confronti del potere politico non desse alcun risultato, il *movimento transgender* dovrebbe essere capace di intraprendere anche azioni dirette di disobbedienza civile. Azioni dimostrative, digiuni e forme di protesta anche in forma "clamorosa" al fine di attirare l'attenzione di media e politica, sono strumenti leciti per qualunque movimento di liberazione che si trovi di fronte ad un potere politico completamente sordo alle proprie istanze di libertà, a riguardo del diritto ad esistere ed alle pari opportunità.

Forme di resistenza passiva ed attiva contro la repressione poliziesca e/o militare del potere politico, fanno parte della storia del movimento LGBTQI[6]. Le persone *transgender* si sono trovate spesso in prima fila in queste forme di lotta (vedi l'ormai storico caso di "Stonewall") e queste fanno parte integrante del patrimonio politico di chiunque si riconosca nel

---

[6] Movimento Lesbico, Gay, Bisessuale, Transgender, Queer, Intersessuato

presente Manifesto.

LOTTA DI LIBERAZIONE

Nei paesi in cui i diritti civili siano totalmente aboliti per tutti ed/od in cui la condizione *transgender* sia punita con il carcere o la pena di morte, il *movimento transgender* potrà legittimamente far parte integrante dei movimenti di liberazione dei popoli o difendere sé stesso dall'aggressione armata o da un potere giudiziario repressivo.

Parte quinta
Le forme associative, i servizi

LE FORME ASSOCIATIVE, I SERVIZI

Il *movimento transgender* è tradizionalmente un movimento di controinformazione (intesa come demolizione di pregiudizi e veicolo di una visione corretta realistica delle realtà T*), di servizi, di assistenza. E' un patrimonio da non disperdere. Per quanto sia giusto lottare perché la società riconosca alle persone *transgender* dignità umana e pari opportunità, attraverso leggi e cambiamenti culturali, è giusto altresì che le stesse persone *transgender* si impegnino a fornire conforto, aiuto, supporto, servizi ad altre persone nella medesima condizione, essendo le più indicate a farlo. Sarà importante sviluppare servizi di consultorio, di *primo ascolto*, di *informazione* e puntare molto sui *gruppi di Auto Mutuo Aiuto*, gestiti direttamente dalle *associazioni transgender* con operatori/trici *pari*.

Per questo motivo la forma associativa più indicata per questo tipo di servizi è quella dell'associazione di volontariato.

Inoltre, per la promozione del lavoro, sarebbe opportuno intraprendere iniziative imprenditoriali sotto forma di cooperative.

Al di là di quanto dicono le leggi attuali, fino a quando la discriminazione sul lavoro per le persone *transgender* sarà presente, eventuali imprenditori *trans* (o *trans friendly*) dovrebbero sentirsi moralmente legittimati ad assumere prevalentemente persone *transgender* nella propria azienda.

Sarà inoltre da ritenersi moralmente ineccepibile ogni forma di *lobbing* di lavoro e di altro genere che il *movimento* e gruppi di persone *transgender* siano in grado di mettere in atto.

Parte sesta
L'internazionale transgender

L'INTERNAZIONALE TRANSGENDER

Il *movimento transgender*, negli ultimi venti anni, è uno dei più vitali ed attivi. L'*associazionismo transgender* nel mondo (in modo particolare in USA) è straordinariamente e capillarmente diffuso. Questa grande diffusione non è riuscita ancora a dare vita ad efficaci Coordinamenti Transnazionali realmente efficaci.

Compito essenziale di chi si riconosce nel Manifesto Azione Trans è quello di proporre ed organizzare un coordinamento internazionale tra tutti i gruppi di azione transgender del mondo, al fine di individuare obbiettivi e perseguirli con la massima energia possibile.

Parte settima
Conclusioni

CONCLUSIONI

Il Manifesto Azione Trans:

- si propone di raccogliere, democraticamente e pariteticamente, tutte le istanze, le energie umane, la capacità di pensiero e di elaborazione politica e culturale delle persone *transgender* ed *intersessuate* di tutto il mondo, al fine di ottenere il pieno godimento dei diritti sociali e politici in una visione dell'umanità non segregata all'obbligo di appartenenza al genere *maschile* o *femminile*;

- promuove la libertà di essere *maschi, femmine* od *altro intermedio*, a prescindere dalle predeterminazioni genetiche e culturali: l'essere *maschio, femmina* od *altro* coincide quindi con la percezione di sé in quanto *uomo* o *donna* o *intermedio*;

- rivendica che le differenze, le sfumature dell'*Identità di Genere*, non vengano esaurite nelle polarità culturali stereotipate o strettamente cariotipiche di *maschio* e *femmina*: *le identità di genere sono molteplici ed hanno tutte pari dignità di esistere*;

- non intende abbattere il concetto di *maschile* e *femminile*, di *uomo* e di *donna* tradizionali, anzi, intende esaltarne il significato profondo, attraverso il diritto delle persone di scegliere l'appartenenza ad uno piuttosto che all'altro, in base al proprio *sesso psicologico* e, parimenti, attraverso il diritto delle persone di <u>non</u> riconoscersi in nessuna di entrambe le polarità o di sentirsi *uomini altri, donne altre*, o semplicemente *altri/e* rispetto agli schemi tradizionali

Parte ottava
Le Appendici

LE APPENDICI

APPENDICE 1
(di Davide Tolu)

Anche volendosi limitare ad un mero esame fisico dei genitali, appare chiaro che maschile e femminile presentano molte analogie nei caratteri sessuali primari: testicoli/ovaie; pene/clitoride; ghiandole mammarie presenti in entrambi i sessi principali: ciò a testimoniare come i sessi si siano sviluppati da un individuo base comune e quanto essi mantengano sempre un collegamento e siano sovrapponibili anche quando si collocano ai due estremi maschio/femmina.

Nel medioevo si pensava esistesse un solo sesso che si differenziava in femmina o maschio a seconda che i genitali si sviluppassero esternamente o internamente: di conseguenza, le ovaie di una donna erano considerati come testicoli 'non scesi', ed è interessante vedere quanto l'intuizione umana si sia avvicinata alla verità anche senza l'ausilio di studi ed apparecchiature scientificamente avanzati. E' stato osservato, infatti che il feto umano –pur avendo scritto nei geni il proprio destino sessuale anatomico- è inizialmente neutro, e solo dopo qualche mese si sviluppa in senso maschile o femminile: i cromosomi sessuali x e y fanno sì che ad un dato momento dello sviluppo embrionale scatti la produzione di ormoni rispettivamente femminili o maschili, i quali caratterizzano il sesso del nascituro in un senso o nell'altro (ove non vi sia corredo cromosomico comprendente XXY o X, che darebbe invece origine ad una situazione di intersessualità). Solo conseguentemente avviene anche la sessualizzazione del cervello, che caratterizza l'identità di genere della persona. Nella maggioranza dei casi, la sessualizzazione della psiche è in accordo con i cromosomi sessuali.

Alcune ipotesi scientifiche sulle cause del transessualismo si basano sulla possibilità che influenze esterne (assunzione di ormoni –maschili o femminili- da parte della madre durante il periodo di gestazione, o semplicemente eccesso di ormoni –maschili o femminili- prodotti dalla madre in gestazione) possano influenzare questo processo ed innescare una sessualizzazione della psiche opposta a quella genitale, con conseguente contrastante identificazione di genere.

Altre teorie sostengono che siano invece fattori interni a modificare questo schema, per cui un piccolissimo gene 'fuori posto' può causare delle 'anomalie', o meglio delle variazioni sul tema.

E' opportuno considerare inoltre che le cause di un transessualismo o di una non piena identificazione in uno dei due generi principali potrebbero essere non uno ma una somma di fattori biologici chimico/fisici e/o psicologici socio-ambientali. Ma al di là delle varie ipotesi, che tali rimangono ed hanno quindi poco o nullo valore scientifico, è fatto inconfutabile che in natura non ci troviamo mai in presenza di meccanismi automatizzati e sempre uguali e che da ciò deriva l'infinita varietà di sfumature -anche sessuali- di cui è composta l'umanità.

APPENDICE 2
(il gioco degli infiniti orientamenti sessuali)

1. persone di sesso biologico e identità di genere maschile attratte da persone di sesso biologico e identità di genere femminile (*eterosessualità maschile*)
2. persone di sesso biologico e identità di genere maschile attratte da persone di sesso biologico e identità di genere maschile (*omosessualità maschile*)
3. persone di sesso biologico e identità di genere femminile attratte da persone di sesso biologico e identità di genere maschile (*eterosessualità femminile*)
4. persone di sesso biologico e identità di genere femminile attratte da persone di sesso biologico e identità di genere femminile (*omosessualità femminile, lesbismo*)
5. persone di sesso biologico maschile e con identità di genere femminile (transgender "male to female") attratte da persone di sesso biologico e identità di genere maschile (*trans-eterosessualità*)
6. persone di sesso biologico femminile e con identità di genere maschile (transgender "female to male") attratti da persone di sesso biologico e identità di genere femminile (*trans-eterosessualità*)
7. persone di sesso biologico maschile e con identità di genere femminile (transgender "mtf") attratte da persone di sesso biologico e identità di genere femminile (*trans-omosessualità femminile; translesbismo*)
8. persone di sesso biologico femminile e identità di genere maschile (transgender "ftm") attratte da persone di sesso biologico e identità di genere maschile (*trans-omosessualità maschile*)
9. persone di sesso biologico maschile e con identità di genere femminile (transgender "mtf") attratte da persone di sesso biologico femminile e con identità di genere maschile (transgender "ftm") (*trans to trans-eterosessualità femminile*)
10. persone di sesso biologico maschile e con identità di genere femminile (transgender "mtf") attratte da persone di sesso biologico maschile e con identità di genere

femminile (transgender "mtf") (*trans to trans-omosessualità femminile - trans to trans lesbismo*)

11. persone di sesso biologico femminile con identità di genere maschile (transgender "ftm") attratte da persone di sesso biologico maschile e con identità di genere femminile (transgender "mtf") (*trans to trans-eterosessualità maschile*)

12. persone di sesso biologico femminile e di sesso psicologico maschile (transgender "ftm") attratte da persone di sesso biologico femminile e di sesso psicologico maschile (transgender "ftm") (*trans to trans-omosessualità maschile*)

13. persone di sesso biologico e identità di genere maschile attratte da persone di sesso biologico maschile e identità di genere femminile (transgender "mtf") (*trans-eterosessualità maschile*)

14. persone di sesso biologico e identità di genere maschile attratte da persone di sesso biologico femminile e identità di genere maschile (transgender "ftm") (*trans-omosessualità maschile*)

15. persone di sesso biologico e identità di genere femminile attratte da persone di sesso biologico femminile e identità di genere maschile (transgender "ftm") (*trans-eterosessualità femminile*)

16. persone di sesso biologico e identità di genere femminile attratte da persone di sesso biologico maschile e identità di genere femminile (transgender "mtf") (*trans-omosessualità femminile – translesbismo femminile*)

17. persone di sesso biologico maschile o femminile attratte indifferentemente da persone di sesso biologico maschile o femminile (*bisessualità*)

18. persone di sesso biologico e identità di genere maschile o femminile possono essere attratte indifferentemente da persone di sesso biologico/identità di genere maschile o femminile (*pansessualità*)

Inoltre si possono aggiungere sfumature ancora più sottili ma che comunque stabiliscono una differenza di orientamento sessuale. Una donna omosessuale *mascolina* può desiderare esclusivamente donne *femminili*, oppure altre donne *mascoline* e così via in un crescendo di differenziazioni anche all'interno dell'omosessualità (ma vale anche per le eterosessualità) e l'elenco potrebbe continuare con:

19. persone con identità di genere femminile mascolinizzata attratte da persone con identità di genere femminile mascolinizzata (*lesbismo "butch" to "butch"*)
20. persone con identità di genere femminile e aspetto femminile attratte da persone di genere femminile e aspetto femminile (*lesbismo "lipstick"*)
21. persone con identità di genere femminile mascolinizzata attratte da persone con identità di genere femminile e di aspetto femminile (*lesbismo paraeterosessuale o lesbismo eteromimetico*)

… e così via anche per l'omosessualità maschile

Come già detto, l'elenco delle possibile varianti di orientamento sessuale che tengono conto delle diverse sfumature del "gender", è lungi dall'essere completo (mancano tutte le variabili possibili con individui intersessuati androgini e ginandri) e non vuole essere in alcun modo una proposta di diversa catalogazione scientifica. Essa rappresenta esclusivamente un'esemplificazione dell'infinità di incroci possibili tra identità di genere e orientamento sessuale.

APPENDICE 3

E' disponibile l'opuscolo informativo "Transessualismo e Lavoro", in fase di revisione, che si pone proprio l'obiettivo di diffondere le informazioni riguardanti i diritti delle persone transessuali e transgender nell'ambito lavorativo. L'opuscolo, nella versione da attualizzare è stato redatto a cura di Crisalide AzioneTrans, dalla CGIL Settore Nuovi Diritti e dal C.E.R.S.G.O.S.I.G / Informagay di Torino.

Fine prima stesura	Genova 28 novembre 2001
Fine seconda stesura	Genova 25 dicembre 2001
Fine terza stesura	Genova 26 dicembre 2001
Fine quarta stesura	Genova 21 gennaio 2002
Fine quinta stesura	Genova 25 gennaio 2002
Fine sesta stesura	Genova 12 febbraio 2002
Aggiornamento sesta stesura	Genova 01 giugno 2003
Settima stesura	Genova 10 luglio 2007
Revisione settima stesura	Genova 23 luglio 2007
II Revisione settima stesura	Genova 18 marzo 2009

BIBLIOGRAFIA

- ❖ "L'Apartheid del sesso" di Martine Rothblatt – Il Saggiatore
- ❖ "Stone Butch Blues" di Lesile Feinberg – Il Dito e La Luna Editrice
- ❖ "L'invenzione della bisessualità" di Valerio Marchetti – Bruno Mondatori Editore
- ❖ "Il viaggio di Arnold" di Davide Tolu – Edizioni Universitarie Romane (EUR)
- ❖ "La discriminazione fondata sull'orientamento sessuale" a cura di Stefano Fabeni e Maria Gigliola Toniollo – Ediesse Casa Editrice
- ❖ "Religioni e riti magici indiani nell'america meridionale" di Alfred Métraux – Il Saggiatore
- ❖ "Rivista di Sessuologia vol. 23 n. 3: Identità possibili il transessualismo" – a cura di Marcella Vida – C.L.U.E.B. Editore
- ❖ "Il Fenomeno transessuale" di Harry Benjamin – Casa Editrice Astrolabio
- ❖ "Straniero nel mio corpo" di Domenico Di Ceglie – Franco Angeli Editore
- ❖ "Trans-sesso" di Mariateresa Fiumanò e Anna Maria Frascani – Nuova Editrice Spada
- ❖ "Transessualismo e Transgender" di Diana Nardacchione – Il Dito e la Luna
- ❖ "L'enigma del Transessualismo" a cura di Mario Bottone, Paolo Valerio, Roberto Vitelli – Franco Angeli Editore
- ❖ "Transgender Tapestry" – Magazine della I.F.G.E (in inglese)
- ❖ "Le identità di genere" di Elisabetta Ruspini – Carocci Editore
- ❖ "Donne e uomini che cambiano" a cura di Elisabetta Ruspini – Guerini Scientifica
- ❖ "Il volo" di Sandra "Jovanka" Alvino – Diple Edizioni

- ❖ "Dimmi Dammi Fammi" di Claudio Sabelli Fioretti – Frontiera Editore
- ❖ "La naturale inferiorità delle donne" a cura di Tama Starr – Sperling & Kupfer Editori
- ❖ "L'evoluzione in quattro dimensioni – Variazione genetica, epigenetica, comportamentale e simbolica nella storia della vita" di Eva Jablonka e Marion J. Lamb – UTET
- ❖ "Le filosofie femministe" di Adriana Cavarero e Franco Restaino – Bruno Mondadori
- ❖ "Princesa" di Fernanda Farias De Albuquerque – Marco Tropea Editore
- ❖ "Istruzioni per rendersi infelici" di Paul Watzlawick – Feltrinelli Editore
- ❖ "Tr@nScritti" a cura di Buci Sopelsa e Davide Tolu – AA.VV. – Proart
- ❖ "Pioggia a ciel sereno – la via femminile all'illuminazione" di Osho – URRA Apogeo
- ❖ "Il cervello infinito – Alle frontiere della neuroscienza: storie di persone che hanno cambiato il proprio cervello" – Adriano Salani Editore –Ponte delle Grazie

RINGRAZIAMENTI

Hanno collaborato con parti di testo o revisioni per le stesure 1-6:

- ❖ Davide Tolu (*fondatore del Coordinamento Nazionale Italiano Trans FtM*)
- ❖ Stefano Fabeni (*dottorando di ricerca alla Columbia University School of Law di New York*)

Hanno inoltre collaborato e fornito pareri utili per le stesure 1-6

- ❖ Matteo Manetti (*co-fondatore di Crisalide AzioneTrans*)
- ❖ Daniele Marinelli (*co-fondatore di Crisalide AzioneTrans*)
- ❖ Gigliola Toniollo (*responsabile nazionale Settore Nuovi Diritti C.G.I.L.*)
- ❖ Katia Sopranzetti
- ❖ Anna Cohen
- ❖ l'Assemblea Nazionale dei Soci di Crisalide AzioneTrans dell'anno 2001

L'*appendice 1* del presente Manifesto AzioneTrans, è di Davide Tolu

INDICE

❖ Prefazione alla settima revisione   pag. 07
   di Mirella Izzo

Parte Prima   pag. 11

❖ Premesse   pag. 13

Parte Seconda   pag. 17

❖ I diritti fondamentali   pag. 19
❖ I diritti sociali e politici   pag. 23

Parte Terza   pag. 27

❖ Gli obbiettivi di fondo   pag. 29
❖ Gli obbiettivi contestualizzati   pag. 31
  - diritto all'Identità   pag. 31
  - gratuita transizione   pag. 31
  - inserimento sociale e lavorativo   pag. 32
  - prostituzione   pag. 33
  - leggi antidiscriminazioni   pag. 34
  - legalizzazione coppie   pag. 37
  - diritto alla conservazione del   pag. 37
    matrimonio
  - diritto alle adozioni   pag. 38
  - diritto alla genitorialità   pag. 39
  - rapporti con i "media"   pag. 41

Parte Quarta   pag. 43

❖ Le forme di lotta per   pag. 45
  l'emancipazione
  - dialogo con le Istituzioni   pag. 45
  - azione diretta non violenta   pag. 45
  - lotta di liberazione   pag. 46

Parte Quinta   pag. 47

❖ Le forme associative, i servizi   pag. 49

Parte Sesta   pag. 51

❖ L'Internazionale Transgender   pag. 53

Parte Settima   pag. 55

❖ Conclusioni   pag. 57

Parte ottava   pag. 59

❖ Le Appendici   pag. 61
   - Appendice 1   pag. 61
   - Appendice 2   pag. 63
   - Appendice 3   pag. 67
❖ Bibliografia   pag. 69
❖ Ringraziamenti   pag. 71